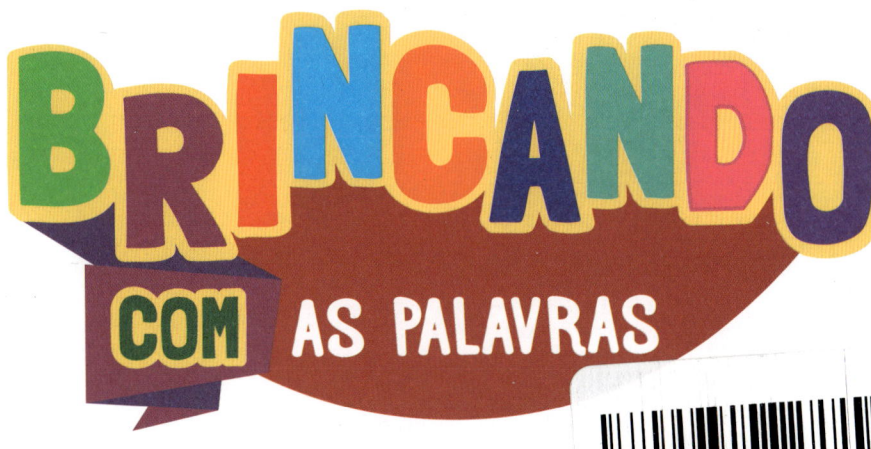

Gisela Mello
Pós-Graduada em Psicopedagogia
Pós-Graduada em Transtorno do Espectro Autista
Graduada em Pedagogia
Professora de Educação Infantil e do 1º ano
do Ensino Fundamental I

Jaime Teles da Silva
Graduado em Pedagogia
Bacharel e licenciado em Educação Física
Especializado em Educação Física Escolar
Professor na rede municipal

Letícia García
Formada em Pedagogia
Professora de Educação Infantil

Vanessa Mendes Carrera
Mestre em Educação
Pós-graduada em Alfabetização e Letramento
Graduada em Pedagogia
Professora de Educação Infantil e do 1º ano
do Ensino Fundamental

Viviane Osso L. da Silva
Pós-graduada em Neurociência Aplicada à Educação
Pós-graduada em Educação Inclusiva
Graduada em Pedagogia
Professora de Educação Infantil e do 1º ano
do Ensino Fundamental

Educação Infantil

VAMOS RELEMBRAR AS VOGAIS? CUBRA O TRACEJADO E ESCREVA-AS NAS PAUTAS.

a   e   i   o   u

COMPLETE O NOME DAS FRUTAS COM AS VOGAIS.

ACEROLA

JENIPAPO

_ c _ r _ l _   j _ n _ p _ p _

BANANA

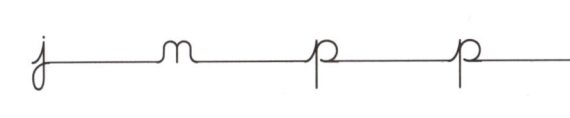
SAPOTI

b _ n _ n _   s _ p _ t _

CAJU

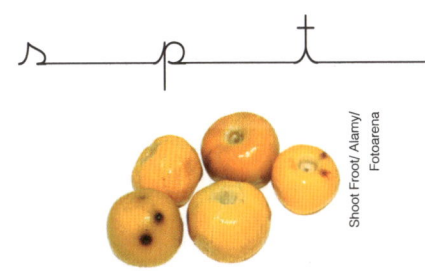
MURICI

c _ j _   m _ r _ c _

CUBRA O TRACEJADO E ESCREVA AS VOGAIS MAIÚSCULAS.

A   E   I   O   U

COMPLETE O NOME DAS CRIANÇAS COM AS VOGAIS.

ESCREVA SEU NOME. DEPOIS, PINTE AS VOGAIS DE **AMARELO**.

LIGUE OS PONTOS SEGUINDO A SEQUÊNCIA DAS VOGAIS. DEPOIS, CIRCULE AS VOGAIS QUE APARECEM EM CADA PALAVRA E PINTE OS DESENHOS.

BOLA

bola

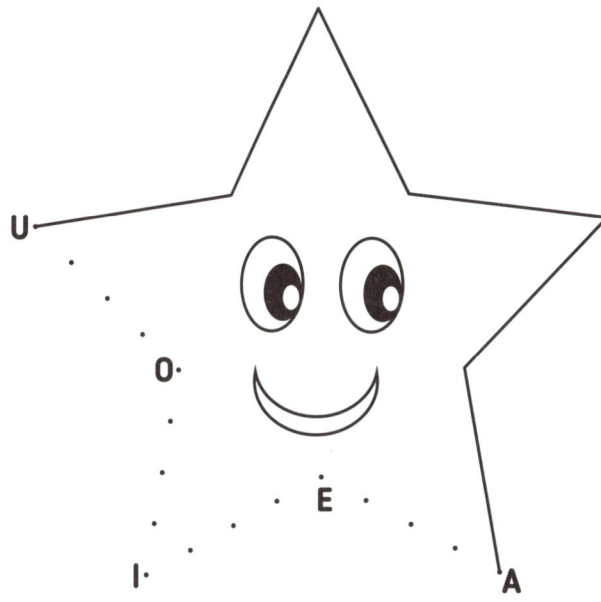

ESTRELA

estrela

JOANINHA

joaninha

NUVEM

nuvem

LEIA A QUADRINHA E PINTE AS VOGAIS NO TEXTO.

> Olha que anel bonito
> Eu ganhei da minha mãezinha.
> Ele é todo de ouro
> E tem uma pedrinha verdinha.
>
> **QUADRINHA.**

COPIE AS PALAVRAS DA QUADRINHA.

ANEL _____   BONITO _____

OURO _____   PEDRINHA _____

FAÇA UMA ILUSTRAÇÃO PARA A QUADRINHA.

JUNTE AS VOGAIS PARA FORMAR ENCONTROS VOCÁLICOS. DEPOIS, CUBRA O TRACEJADO DAS PALAVRAS FORMADAS E CIRCULE AQUELA QUE CORRESPONDE À IMAGEM.

a → i = _____ caixa
a → u = _____ cacau

e → i = _____ leite
e → u = _____ pneu

i → a = _____ dia
i → o = _____ ioiô
i → u = _____ riu

o → a = _____ canoa
o → u = _____ couro

7

PROCURE O NOME DAS CRIANÇAS NO DIAGRAMA DE PALAVRAS.

LAURA

MARIA

ROMEU

HEITOR

R	O	M	E	U	G	D	F	R	U
H	J	Q	W	E	R	C	V	Z	A
O	R	L	A	U	R	A	P	R	Q
S	D	F	G	Q	W	E	K	L	B
M	A	R	I	A	T	U	D	V	A
Q	W	E	R	T	Y	O	P	I	M
D	F	G	H	E	I	T	O	R	L

COPIE O NOME DAS CRIANÇAS NO LUGAR CORRETO.

*ia*_____   *au*_____

*eu*_____   *ei*_____

SUBSTITUA OS NÚMEROS PELAS VOGAIS CORRESPONDENTES E FORME ENCONTROS VOCÁLICOS.

1	3	_____
1	5	_____
2	3	_____
2	5	_____
4	3	_____
4	5	_____
5	3	_____
5	1	_____

COMPLETE AS PALAVRAS COM ALGUNS DOS ENCONTROS VOCÁLICOS FORMADOS NA ATIVIDADE ANTERIOR.

ling____ça   mus____   g____ta   ____ro

CUBRA O TRACEJADO E CONTINUE ESCREVENDO AS LETRAS A-a, B-b E C-c.

PINTE OS QUADRINHOS DAS PALAVRAS NAS CORES INDICADAS NA LEGENDA, DE ACORDO COM A LETRA INICIAL DE CADA UMA.

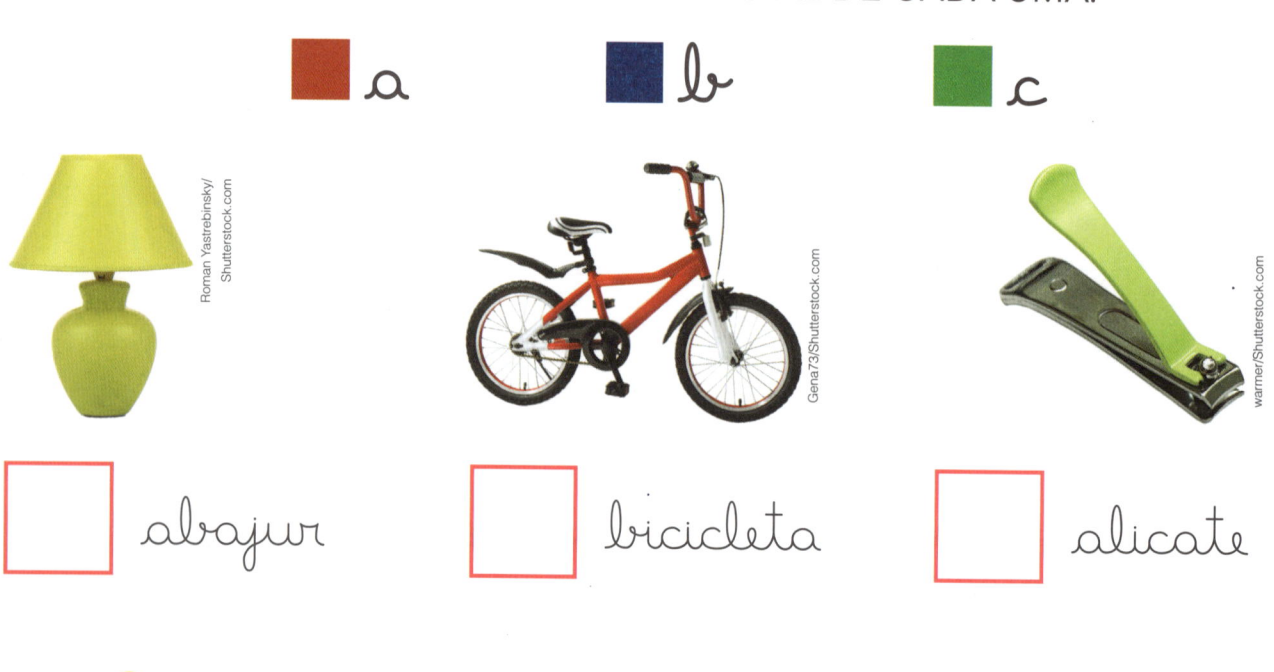

CUBRA O TRACEJADO E CONTINUE ESCREVENDO AS LETRAS D-d, E-e E F-f.

D d

E e

F f

ESCREVA A PRIMEIRA LETRA DO NOME DE CADA IMAGEM.

SUBSTITUA O DESENHO PELA PALAVRA PARA COMPLETAR A FRASE.

Ana vai à _____ a pé.

Beto ouve música com _____ de ouvido.

Lia ganhou um _____ de pelúcia.

CUBRA O TRACEJADO E CONTINUE ESCREVENDO AS LETRAS G-g, H-h E I-i.

G g

H h

I i

LEIA A ADIVINHA E ESCREVA A RESPOSTA.

O que é, o que é?
Sou fofinho e peludo,
pulo alto e tomo leite.
Faço miau quando estou contente!

Eu sou o _____.

ADIVINHA.

COMPLETE AS PALAVRAS COM g, h OU i E PINTE AS IMAGENS.

___ambúrguer ___elo ___glu

___ipopótamo ___elat___na

CUBRA O TRACEJADO E CONTINUE ESCREVENDO AS LETRAS *J - j*, *K - k* E *L - l*.

J j

K k

L l

CUBRA O TRACEJADO E COMPLETE O TEXTO COM A LETRA *j*. DEPOIS, PINTE O DESENHO.

Ecologia

Se acabarem

Com o ___abuti,

O ___abuticaba.

SÉRGIO CAPPARELLI. 111 POEMAS PARA CRIANÇAS. PORTO ALEGRE: L&PM, 2009. P. 97.

COMPLETE AS PALAVRAS COM *j*, *k* OU *l* E LIGUE-AS ÀS IMAGENS CORRESPONDENTES.

___aran___a

___aratê

CUBRA O TRACEJADO E CONTINUE ESCREVENDO AS LETRAS
M - m, N - n E O - o.

M m

N n

O o

COMPLETE AS PALAVRAS COM m, n OU o.

ca___el ___ola ___velha

___ab___ ca___ud___ ___oiva

SUBSTITUA O DESENHO PELA PALAVRA PARA COMPLETAR A FRASE.

O cachorro enterrou o 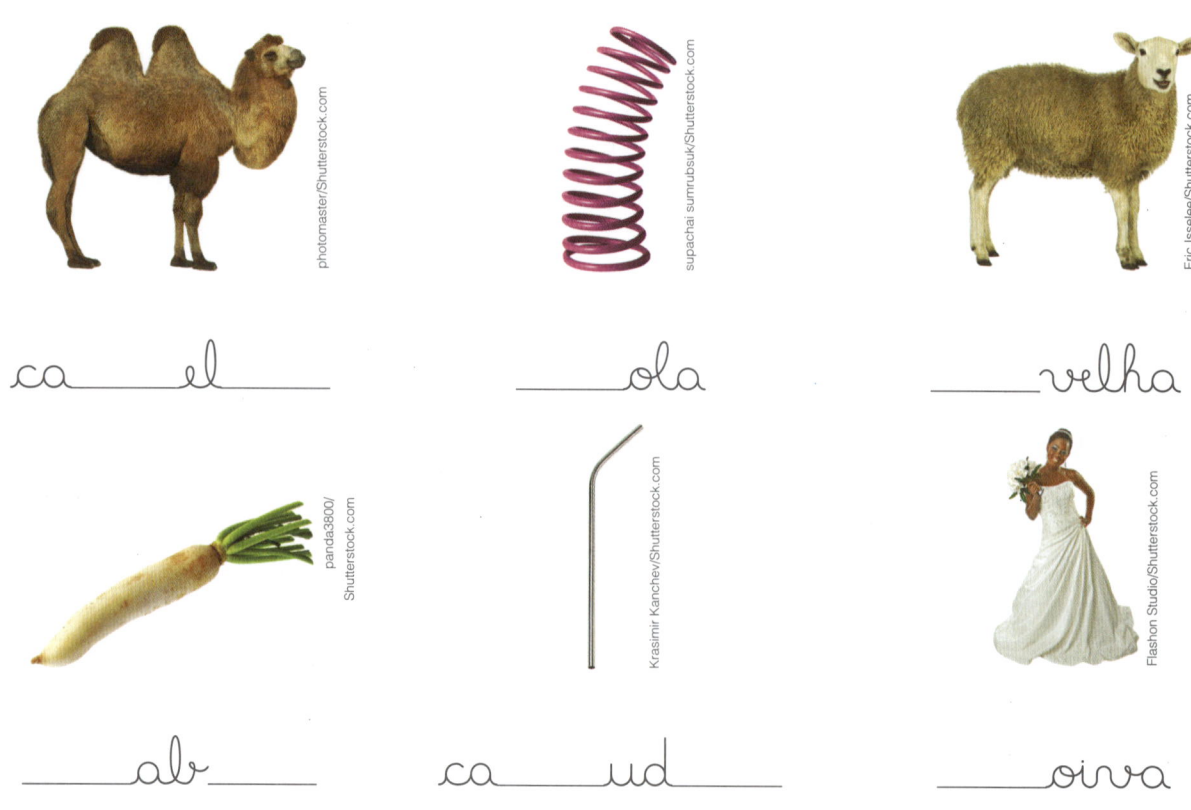 _____ no jardim.

CUBRA O TRACEJADO E CONTINUE ESCREVENDO AS LETRAS P-p, Q-q E R-r.

P p

Q q

R r

CANTE A CANTIGA E CIRCULE AS PALAVRAS QUE COMEÇAM COM P-p.

Se eu fosse um peixinho
e soubesse nadar,
eu tirava a Paulinha
do fundo do mar.

CANTIGA.

PINTE EM CADA QUADRO O NOME QUE CORRESPONDE À FIGURA.

	rei	robô	rua
	pato	pirulito	peteca
	queijo	quadro	quiabo

CUBRA O TRACEJADO E CONTINUE ESCREVENDO AS LETRAS S - s, T - t E U - u.

PINTE AS FIGURAS DE ACORDO COM A LETRA INICIAL DO NOME.

🟨 COMEÇA COM s. 🟩 COMEÇA COM t. 🟪 COMEÇA COM u.

sapo sorvete urubu

tomate uva tulipa

LIGUE AS PALAVRAS IGUAIS.

URSO   selo

TATU   urso

SELO   tatu

CUBRA O TRACEJADO E CONTINUE ESCREVENDO AS LETRAS $\mathcal{V}$ - v, $\mathcal{W}$ - w E $\mathcal{X}$ - x.

CUBRA O TRACEJADO E CIRCULE OS NOMES PRÓPRIOS.

Haicai para um e outro
Dois walkie-talkies.
Wolfgang tem um.
Walter tem outro.

JONAS RIBEIRO. ALFABÉTICO – ALMANAQUE DO ALFABETO POÉTICO. SÃO PAULO: EDITORA DO BRASIL, 2015. P. 74.

COMPLETE AS PALAVRAS COM v, w OU x.

___ampu   ___iolão   be___iga   ki___i

17

CUBRA O TRACEJADO E CONTINUE ESCREVENDO AS LETRAS Y - y E
Z - z.

SUBSTITUA O DESENHO PELA PALAVRA PARA COMPLETAR A FRASE.

Yasmin está fazendo 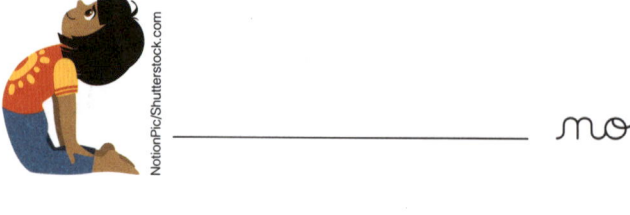 _____ no parque.

ENCONTRE AS PALAVRAS A SEGUIR NO DIAGRAMA.

| ZEBU | AZULEJO | BUZINA | DEZOITO |

M	J	Y	D	F	C	X	P	Ç	V
G	F	Z	E	B	U	G	G	U	P
J	K	K	D	E	Z	O	I	T	O
B	U	Z	I	N	A	V	D	T	G
I	P	R	X	T	I	X	É	Ç	L
A	Z	U	L	E	J	O	U	R	T

LIGUE OS PONTOS SEGUINDO A ORDEM DO ALFABETO. DEPOIS, ESCREVA O NOME DO ANIMAL QUE APARECEU E PINTE-O BEM BONITO.

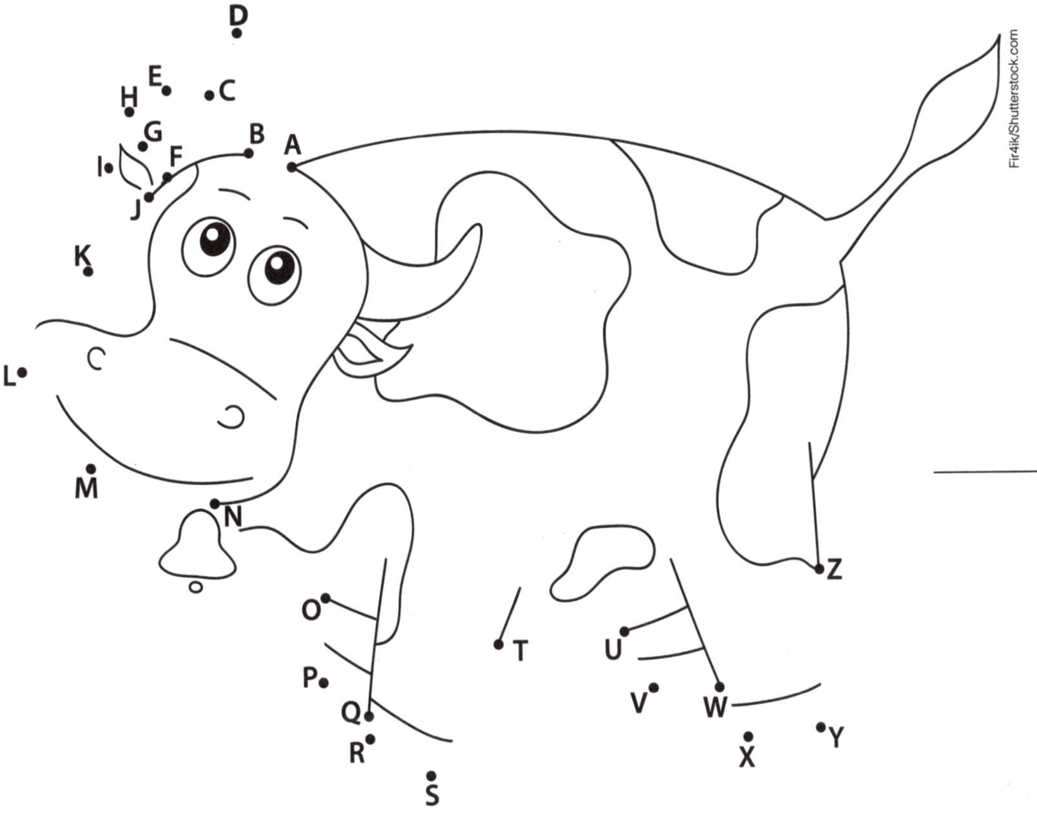

COMPLETE AS SEQUÊNCIAS COM AS LETRAS QUE FALTAM SEGUINDO A ORDEM ALFABÉTICA.

CUBRA O TRACEJADO DA FAMÍLIA DO B - b.

PINTE A SÍLABA INICIAL DO NOME DE CADA FIGURA E ESCREVA-A.

CUBRA O TRACEJADO DA FAMÍLIA DO C - c.

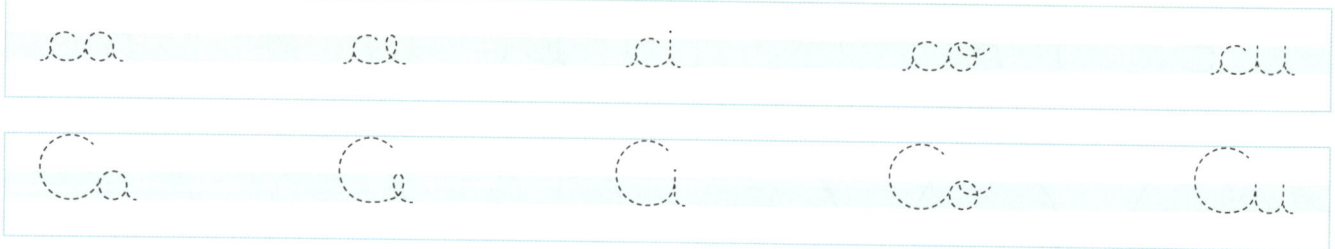

RECORTE E COLE AQUI UMA PALAVRA COM A FAMÍLIA DO C - c.

CUBRA O TRACEJADO DA FAMÍLIA DO D - d.

| da | de | di | do | du |

| Da | De | Di | Do | Du |

PINTE AS SÍLABAS QUE FORMAM O NOME DAS FIGURAS A SEGUIR.

| da | de | di | do | du |

| da | de | di | do | du |

CUBRA O TRACEJADO DA FAMÍLIA DO F - f.

| fa | fe | fi | fo | fu |

| Fa | Fe | Fi | Fo | Fu |

COMPLETE AS PALAVRAS COM A FAMÍLIA DO f.

_____go   bi_____   _____rol   _____ca

CUBRA O TRACEJADO DA FAMÍLIA DO G - g.

ga ge gi go gu

Ga Ge Gi Go Gu

CIRCULE A IMAGEM CUJO NOME COMEÇA COM A FAMÍLIA DO g.

CUBRA O TRACEJADO DA FAMÍLIA DO H - h.

ha he hi ho hu

Ha He Hi Ho Hu

ESCREVA O NOME DAS IMAGENS. ELES COMEÇAM COM h

 _____

 _____

CUBRA O TRACEJADO DA FAMÍLIA DO J - j.

ja je ji jo ju
Ja Je Ji Jo Ju

LEIA O TEXTO E CIRCULE A FAMÍLIA DO J - j.

Juliana coloca o pijama
E se ajeita na cama.
Mamãe lhe dá um beijo e diz:
— Boa noite, Juju!

CUBRA O TRACEJADO DA FAMÍLIA DO L - l.

la le li lo lu
La Le Li Lo Lu

COMPLETE AS FRASES COM O NOME DAS FIGURAS.

Joca espremeu _____ e fez limonada.

A _____ é verde por fora e vermelha por dentro.

CUBRA O TRACEJADO DA FAMÍLIA DO M – m.

| ma | me | mi | mo | mu |

| Ma | Me | Mi | Mo | Mu |

CIRCULE A FAMÍLIA DO m EM CADA PALAVRA E, DEPOIS, COPIE-A.

  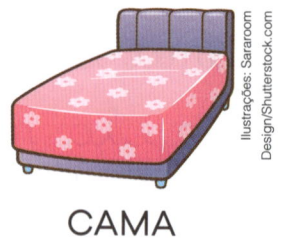

MOTO   MURO   CAMA

_____   _____   _____

CUBRA O TRACEJADO DA FAMÍLIA DO N – n.

| na | ne | ni | no | nu |

| Na | Ne | Ni | No | Nu |

LEIA AS PALAVRAS E PINTE AQUELA QUE CORRESPONDE À FIGURA.

ninho   nave   nota

mata   nove   nuvem

CUBRA O TRACEJADO DA FAMÍLIA DO P - p.

| pa | pe | pi | po | pu |
| Pa | Pe | Pi | Po | Pu |

INVENTE UMA FRASE COM A PALAVRA EM DESTAQUE.

pipoca
_____

pepino
_____

CUBRA O TRACEJADO DA FAMÍLIA DO Q - q.

| qua | que | qui |
| Qua | Que | Qui |

COMPLETE AS PALAVRAS COM A FAMÍLIA DO q.

ca_____   _____dro   _____ti   le_____

25

CUBRA O TRACEJADO DA FAMÍLIA DO R - r.

RECORTE DE JORNAIS OU REVISTAS PALAVRAS COM A FAMÍLIA DO **R** E COLE-AS AQUI.

CUBRA O TRACEJADO DA FAMÍLIA DO S - s.

PINTE AS SÍLABAS QUE FALTAM NAS PALAVRAS E COMPLETE-AS.

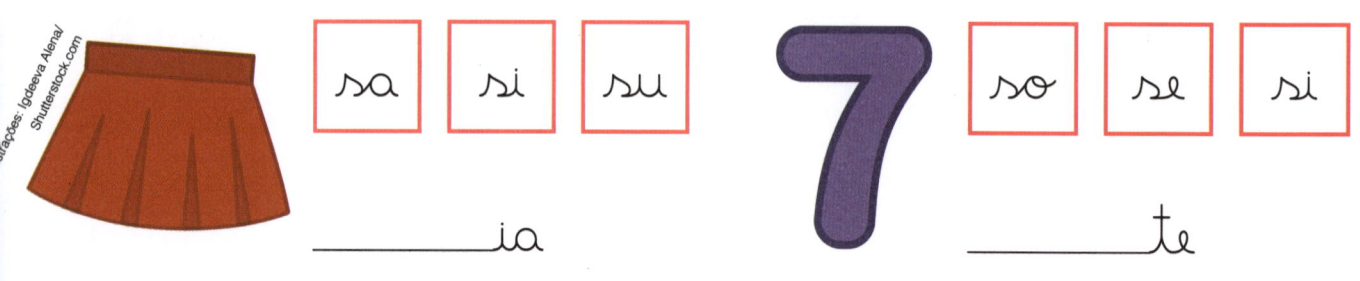

CUBRA O TRACEJADO DA FAMÍLIA DO T-t.

| ta | te | ti | to | tu |
| Ta | Te | Ti | To | Tu |

LEIA A QUADRINHA E CIRCULE A FAMÍLIA DO T-t.

Ela vem do tamanduá
e também da tartaruga.
Está na toca do tatu,
no Titi e até na Tina.

CUBRA O TRACEJADO DA FAMÍLIA DO V-v.

| va | ve | vi | vo | vu |
| Va | Ve | Vi | Vo | Vu |

COMPLETE AS FRASES COM AS PALAVRAS DO QUADRO.

Válter – vulcão – vela

A) Meu pai se chama _____.

B) Apaguei a _____ do meu bolo de aniversário.

C) O _____ está em erupção.

CUBRA O TRACEJADO DA FAMÍLIA DO X - x.

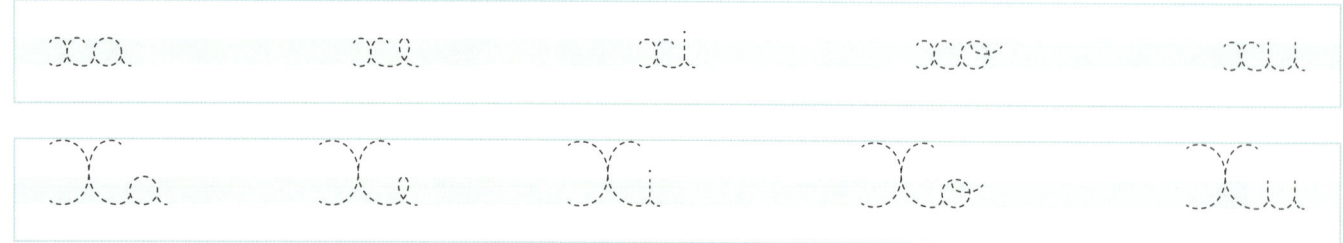

LEIA AS PALAVRAS E CIRCULE A FAMÍLIA DO x. DEPOIS, PINTE A PALAVRA QUE TEM ESSA MESMA SÍLABA.

ABACAXI — LIXO — AMEIXA

xilofone — coxa — caixa
lixa — roxo — bexiga

CUBRA O TRACEJADO DA FAMÍLIA DO Z - z.

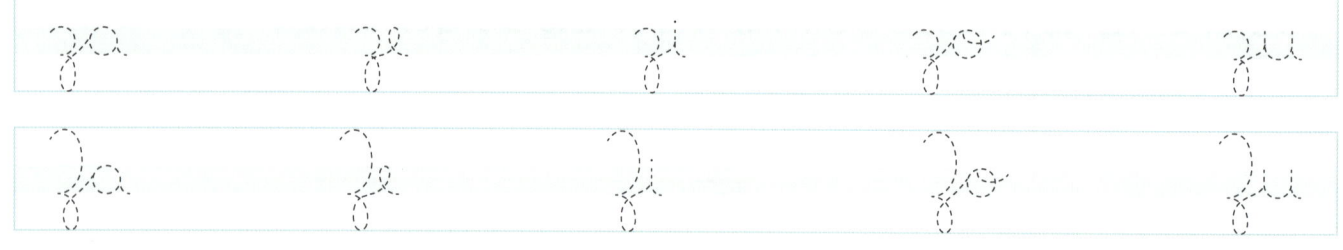

COMPLETE AS PALAVRAS COM A FAMÍLIA DO z.

 ____bra

 co____nha

ORDENE AS SÍLABAS E ESCREVA O NOME DAS FIGURAS.

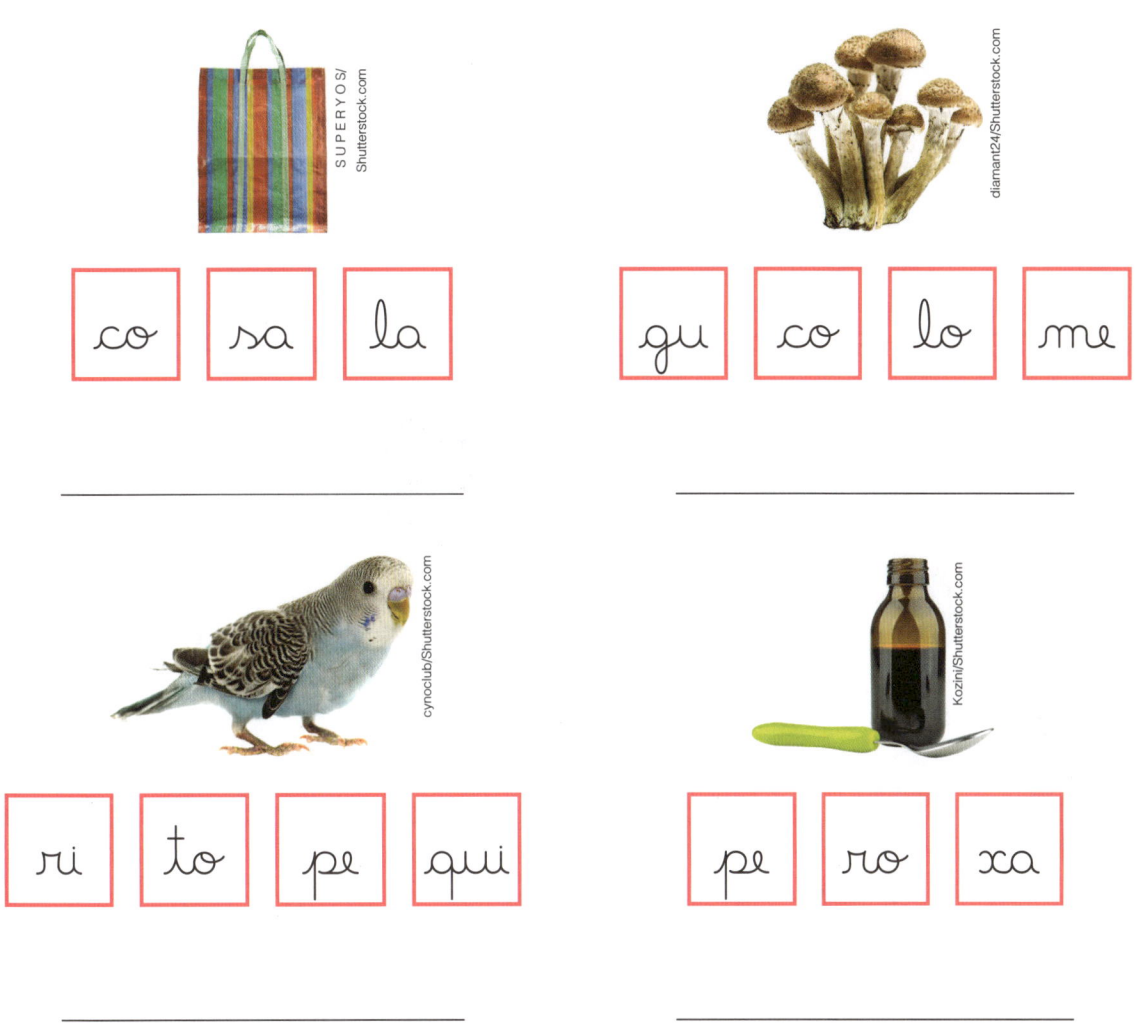

VAMOS FAZER UMA LISTA DE PALAVRAS? ESCREVA UMA PALAVRA PARA CADA FAMÍLIA A SEGUIR.

CUBRA O TRACEJADO DA FAMÍLIA DO Ch - ch.

cha   che   chi   cho   chu

Cha   Che   Chi   Cho   Chu

COMPLETE O DIAGRAMA DE PALAVRAS COM A FAMÍLIA DO **CH**.

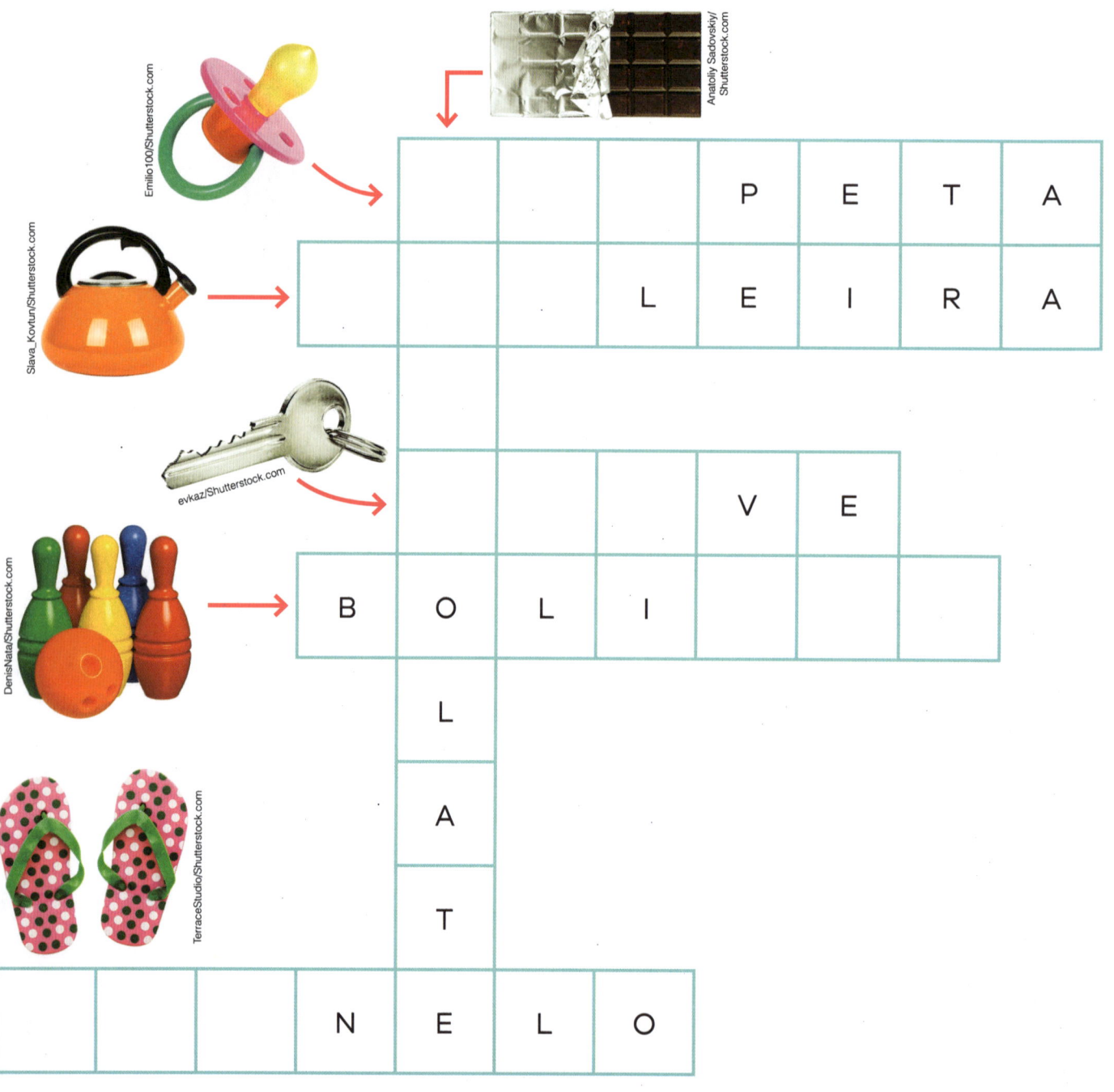

CUBRA O TRACEJADO DA FAMÍLIA DO *mh*.

mha   mhe   mhi   mho   mhu

COMPLETE AS PALAVRAS COM A FAMÍLIA DO *mh*.

ara_____   mi_____ca   joani_____

gali_____   gafa_____to   pinti_____

CUBRA O TRACEJADO DA FAMÍLIA DO *lh*.

lha   lhe   lhi   lho   lhu

COMPLETE AS PALAVRAS E LIGUE-AS ÀS IMAGENS CORRESPONDENTES.

toa_____

choca_____

PINTE AS PALAVRAS DE ACORDO COM A LEGENDA.

girassol   borracha   jarra   vassoura

CUBRA O TRACEJADO DA FAMÍLIA DO ç.

ça   ço   çu

ESCREVA NA TABELA DUAS PALAVRAS PARA CADA SÍLABA DA FAMÍLIA DO ç.

ça	ço	çu

COMPLETE AS PALAVRAS COM ã OU ão.

r_____   m_____   le_____   ím_____

Jaime Teles da Silva
Graduado em Pedagogia
Bacharel e licenciado em Educação Física
Especializado em Educação Física Escolar
Professor na rede municipal

Letícia García
Formada em Pedagogia
Professora de Educação Infantil

Vanessa Mendes Carrera
Mestra em Educação
Pós-graduada em Alfabetização e Letramento
Graduada em Pedagogia
Professora de Educação Infantil e do 1º ano do Ensino Fundamental

Viviane Osso L. da Silva
Pós-graduada em Neurociência Aplicada à Educação
Pós-graduada em Educação Inclusiva
Graduada em Pedagogia
Professora de Educação Infantil e do 1º ano do Ensino Fundamental

CADERNO DA
FAMÍLIA

Educação Infantil

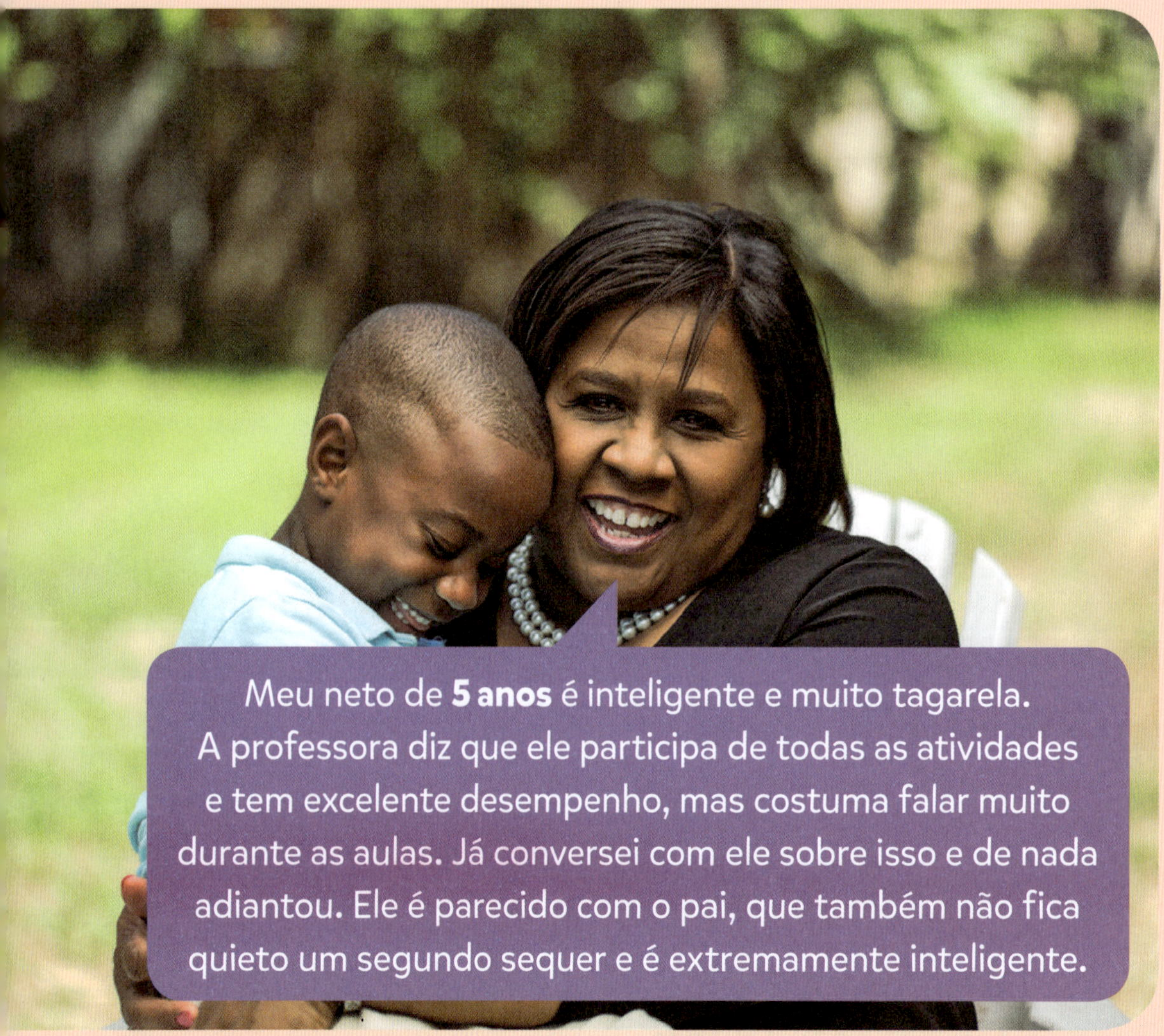

> Meu neto de **5 anos** é inteligente e muito tagarela. A professora diz que ele participa de todas as atividades e tem excelente desempenho, mas costuma falar muito durante as aulas. Já conversei com ele sobre isso e de nada adiantou. Ele é parecido com o pai, que também não fica quieto um segundo sequer e é extremamente inteligente.

SANDRA, AVÓ DO TIAGO.

Minha filha de **5 anos** ainda não escreve o nome dela corretamente. A professora pediu que eu respeitasse o ritmo dela, mas os coleguinhas já sabem escrever o nome e também outras palavras. Ela é muito esperta e se dá bem com todas as pessoas, adultos ou crianças. Lembra o avô materno, com sua alegria contagiante.

PAULO, PAI DA SOFIA.

Caros familiares,

O objetivo deste caderno é enriquecer e ampliar os modos de interação entre vocês, seu filho e a escola, abordando algumas das principais questões que permeiam o universo infantil.

Assim como em um almanaque, preparamos e selecionamos um conjunto de textos variados, diversas dicas e informações, além de brincadeiras e receitas culinárias específicas para serem feitas com seu filho, de acordo com a fase de desenvolvimento na qual ele se encontra.

O caderno está organizado por temas, que apresentam uma introdução e um texto complementar de um especialista, os quais podem ser lidos aleatoriamente, de acordo com o interesse e a necessidade do momento.

É importante destacar que não temos a intenção de esgotar o debate de assuntos tão complexos, e, sim, proporcionar diferentes discussões e estabelecer novas parcerias.

Esperamos que este caderno acompanhe o dia a dia da família e que a plenitude de ser criança seja vivenciada por seu filho em casa e na escola.

Os autores.

Sumário

1. O desenvolvimento das crianças **8**

   Outras Palavras ▶ Características da faixa etária dos
   5 aos 6 anos **10**

2. Aproximando família e escola **11**

   ▶ Direitos de aprendizagem e desenvolvimento
   na Educação Infantil **12**

   Outras Palavras ▶ Família e escola, responsabilidades
   compartilhadas na garantia de uma educação de qualidade **13**

3. Criando o hábito da leitura **15**

   Outras Palavras ▶ 10 motivos para ler histórias aos filhos **17**

4. Tecnologias e infância **18**

   Outras Palavras ▶ Crianças e a internet: até que ponto
   esta relação pode ser positiva? **20**

5. Discutindo o *bullying* **22**

    Outras Palavras ▶ *Bullying*: 10 dicas para impedir
    que seu filho se torne o agressor **23**

6. Brincando e aprendendo **25**

    Outras Palavras ▶ O brincar como ferramenta para
    o desenvolvimento integral das crianças **26**

Brincando com seu filho **28**

    Atividades manuais para fazer com a criança **28**

    Receitas culinárias **31**

Sugestões de leitura **32**

1 O desenvolvimento das crianças

Desde que nascemos, estamos inseridos em determinada cultura e nossas histórias são pessoais. Isso nos torna diferentes uns dos outros. É nesse contexto que ocorre o desenvolvimento infantil.

As crianças não se desenvolvem de maneira linear e progressiva. Por isso, é importante observar os principais aspectos da etapa que a criança está atravessando: físico, social, emocional e cognitivo.

Na infância, a aquisição do conhecimento ocorre na forma de uma espiral e depende da oferta de estímulos adequados em cada fase da formação da criança. As brincadeiras são uma das fontes de aprendizagem. Cada criança aprende e se desenvolve em seu tempo particular.

Assim, durante a infância identificamos aspectos comuns a determinada faixa etária, mas não podemos considerá-los determinantes para o desenvolvimento da criança sem a avaliação de um profissional da área.

Sabendo disso, é importante que as famílias compreendam as transformações típicas da vida de seus filhos para que não haja comparações, como pode ocorrer entre colegas de escola ou, ainda, entre irmãos.

Irmãos, além da questão biológica, tendem a ser diferentes entre si e, portanto, não devem ser comparados. Ser o caçula ou o mais velho, por exemplo, já confere diferentes oportunidades de receber estímulos e acessar conhecimento.

Para o pleno desenvolvimento das crianças, é importante incentivá-las e elogiá-las, acompanhando e respeitando o ritmo de cada uma. Tudo o que as crianças aprendem em casa e na escola contribui para o desenvolvimento físico e intelectual, bem como para a autonomia social, emocional e moral.

A educação na primeira infância é essencial para a formação do indivíduo. Nessa etapa, as intervenções podem interferir na capacidade cognitiva, na personalidade e no comportamento social futuros.

A infância passa rápido e é importante cada etapa ser acompanhada, contemplada e celebrada.

DICAS DE ...

... APRENDER LINGUAGEM (0-5 ANOS). Laboratório de Educação. Guia sobre o desenvolvimento da linguagem em crianças de 0 a 5 anos.
▶ Disponível em: http://aprenderlinguagem.org.br. Acesso em: maio 2019.

OUTRAS PALAVRAS

▶ Características da faixa etária dos 5 aos 6 anos

Desenvolvimento físico

- A preferência manual está estabelecida.
- É capaz de se vestir e despir sozinha.
- Assegura sua higiene com autonomia.
- Pode manifestar dores de estômago ou vômitos quando obrigada a comer comidas de que não gosta; tem preferência por comida pouco elaborada, embora aceite uma maior variedade de alimentos.

Desenvolvimento intelectual

- Fala fluentemente, utilizando corretamente o plural, os pronomes e os tempos verbais.
- Grande interesse pelas palavras e a linguagem.
- Pode gaguejar se estiver muito cansada ou nervosa.
- Segue instruções e aceita supervisão.
- Conhece as cores, os números etc.
- Capacidade para memorizar histórias e repeti-las.
- É capaz de agrupar e ordenar objetos tendo em conta o tamanho [...].
- Começa a entender os conceitos de "antes" e "depois", "em cima" e "embaixo" etc., bem como conceitos de tempo: "ontem", "hoje", "amanhã".

Desenvolvimento social

- A mãe é ainda o centro do mundo da criança, pelo que poderá recear a não voltar a vê-la após uma separação.
- Copia os adultos.
- Brinca com meninos e meninas.
- Está mais calma, não sendo tão exigente nas suas relações com os outros; é capaz de brincar apenas com outra criança ou com um grupo de crianças [...].
- Brinca de forma independente, sem necessitar de uma constante supervisão.
- Começa a ser capaz de esperar pela sua vez e de partilhar.
- Conhece as diferenças de sexo.
- Aprecia conversar durante as refeições.
- Começa a se interessar por saber de onde vêm os bebês.
- Está numa fase de maior conformismo, sendo crítica relativamente àqueles que não apresentam o mesmo comportamento.

Desenvolvimento emocional

- Pode apresentar alguns medos: do escuro, de cair, de cães ou de dano corporal, embora esta não seja uma fase de grandes medos.

OUTRAS PALAVRAS

- Se estiver cansada, nervosa ou chateada, poderá apresentar alguns dos seguintes comportamentos: roer as unhas, piscar repetidamente os olhos, fungar etc.
- Preocupa-se em agradar aos adultos.
- Maior sensibilidade relativamente às necessidades e sentimentos dos outros.
- Envergonha-se facilmente.

Desenvolvimento moral

- Devido à sua grande preocupação em fazer as coisas bem e em agradar, poderá por vezes mentir ou culpar os outros de comportamentos reprováveis. [...]

Fases do desenvolvimento infantil (0 a 6 anos). MUNDO DO ABC. Disponível em: www.mundodoabc.com.br/blog/143-fases-do-desenvolvimento-infantil-0-a-6-anos. Acesso em: jul. 2019.

2 Aproximando família e escola

Atualmente é difícil encontrar um espaço disponível nas agendas repletas de compromissos dos adultos, até mesmo para a chamada "reunião de pais". Além de escolher a escola, é essencial que os pais participem da rotina escolar. Parece óbvio, mas não é tão fácil de se fazer no dia a dia.

Parte da responsabilidade de se construir um diálogo efetivo com a escola é da família. Isso ocorre desde o momento em que os pais conhecem a proposta pedagógica adotada pelo estabelecimento até as conversas sobre o cotidiano escolar com os filhos, passando pelo período de adaptação das crianças.

Além de espaço de convivência e aprendizado para crianças, a escola é um local para as famílias. Sem o apoio dos pais ou responsáveis, o trabalho do professor fica limitado e, em alguns casos, pode nem se concretizar.

Para apoiar o ensino de seu filho, você pode orientá-lo nas lições de casa e acompanhar o trabalho docente, além de compartilhar experiências com outras famílias.

Dê bons exemplos para as crianças, incentivando os estudos e valorizando o papel da escola na formação das pessoas.

A Base Nacional Comum Curricular (BNCC) é um documento que define as aprendizagens essenciais ao desenvolvimento pleno dos alunos das escolas públicas e privadas brasileiras, da Educação Infantil ao Ensino Médio.

Em relação à Educação Infantil, a BNCC postula seis direitos de aprendizagem e desenvolvimento que devem ser garantidos a todas as crianças do país.

Direitos de aprendizagem e desenvolvimento na Educação Infantil

- **Conviver** com outras crianças e adultos, em pequenos e grandes grupos, utilizando diferentes linguagens, ampliando o conhecimento de si e do outro, o respeito em relação à cultura e às diferenças entre as pessoas.
- **Brincar** cotidianamente de diversas formas, em diferentes espaços e tempos, com diferentes parceiros (crianças e adultos), ampliando e diversificando seu acesso a produções culturais, seus conhecimentos, sua imaginação, sua criatividade, suas experiências emocionais, corporais, sensoriais, expressivas, cognitivas, sociais e relacionais.
- **Participar** ativamente, com adultos e outras crianças, tanto do planejamento da gestão da escola e das atividades propostas pelo educador quanto da realização das atividades da vida cotidiana, tais como a escolha das brincadeiras, dos materiais e dos ambientes, desenvolvendo diferentes linguagens e elaborando conhecimentos, decidindo e se posicionando.
- **Explorar** movimentos, gestos, sons, formas, texturas, cores, palavras, emoções, transformações, relacionamentos, histórias, objetos, elementos da natureza, na escola e fora dela, ampliando seus saberes sobre a cultura, em suas diversas modalidades: as artes, a escrita, a ciência e a tecnologia.
- **Expressar**, como sujeito dialógico, criativo e sensível, suas necessidades, emoções, sentimentos, dúvidas, hipóteses, descobertas, opiniões, questionamentos, por meio de diferentes linguagens.
- **Conhecer-se** e construir sua identidade pessoal, social e cultural, constituindo uma imagem positiva de si e de seus grupos de pertencimento, nas diversas experiências de cuidados, interações, brincadeiras e linguagens vivenciadas na instituição escolar e em seu contexto familiar e comunitário.

BRASIL. Ministério da Educação. Secretaria da Educação. *Base Nacional Comum Curricular*. Brasília: Ministério da Educação, 2018. Disponível em: http://basenacionalcomum.mec.gov.br/. Acesso em: jul. 2019.

DICAS DE •••

••• *Base Nacional Comum Curricular* (Ministério da Educação). Texto completo da BNCC.
▶ Disponível em: http://basenacionalcomum.mec.gov.br/abase/#apresentacao. Acesso em: jul. 2019.

OUTRAS PALAVRAS

▶ **Família e escola, responsabilidades compartilhadas na garantia de uma educação de qualidade**

[...]

O envolvimento e a participação da família no ambiente escolar são considerados componentes importantes para o sucesso escolar das crianças. A Constituição Federal de 1988, Lei de Diretrizes e Bases da Educação Nacional (LDB 9.394/1996) e o Estatuto da Criança e do Adolescente (ECA, Lei 13.257/2016) rezam que as escolas têm a obrigação de se articular com as famílias e os pais, o direito deles a ter ciência do processo pedagógico, bem como de participar da definição das propostas educacionais. A legislação vincula, dessa forma, não só a obrigatoriedade estatal e social mas também invoca a família como núcleo primeiro na formação do cidadão e, como tal, indispensável e insubstituível na missão determinada nas prerrogativas da Carta Magna do país.

No entanto, ainda existe um distanciamento entre a família e a escola nos processos educativos. Em muitas escolas, os discursos dos educadores abordam a falta de participação dos pais na vida escolar dos filhos, alguns até atribuem o baixo desempenho dos alunos a esse fator; contudo, não se mostram satisfeitos quando algum membro familiar mais crítico e esclarecido exige qualidade no ensino ou questiona a proposta pedagógica da escola.

Alguns gestores percebem a participação da família na escola como interferência e tentativa de comprometer a autoridade deles. Já a maioria dos pais, por sua vez, não participa da vida escolar dos filhos, uns por não conhecerem seus direitos e deveres, outros porque não sabem como fazer isso, por não serem alfabetizados ou possuírem níveis de escolaridade insuficientes. E ainda há os que até buscaram uma postura mais ativa diante da escolarização dos filhos, mas se enclausuraram, pois nas poucas vezes que tentaram não foram bem acolhidos e se retraíram.

Partindo desse contexto, compreendemos necessário que cada uma dessas instituições assuma as responsabilidades que lhe cabem, no sentido de garantir que a aprendizagem das crianças aconteça numa educação voltada para o exercício ético da democracia e da cidadania, sendo fundamental que ambas sigam os mesmos princípios e

OUTRAS PALAVRAS

▸ direção em relação aos objetivos que desejam atingir, pois, caso contrário, as oportunidades irão se fechando, transformando a falta de uma educação de qualidade em uma grande barreira para a ascensão social.

Ainda que tenham objetivos em comum, escola e família possuem responsabilidades específicas e precisam fazer sua parte para que, juntas, atinjam o objetivo principal, que é educar crianças, garantindo condições para que tenham um futuro melhor.

É papel da família escolher a escola que a criança vai estudar, com base em critérios que lhe garantam a confiança de que o/a filho/a terá condições para aprender; dialogar com a criança ou o jovem para se manter a par dos conteúdos que estão sendo trabalhados na escola; cumprir e orientar para que o estudante também cumpra as regras estabelecidas pela escola de forma consciente e espontânea; participar das reuniões e da entrega de resultados, informando-se das dificuldades apresentadas pelo/a seu/sua filho/a, bem como seu desempenho; acompanhar e orientar as atividades de casa, entre outras.

A escola tem como responsabilidades: cumprir a proposta pedagógica apresentada para a família, sendo coerente nos procedimentos e nas atitudes do dia a dia; propiciar ao aluno liberdade para se manifestar na comunidade escolar, de forma que seja considerado como elemento principal do processo educativo; receber os pais com prazer em reuniões periódicas, esclarecendo o desempenho do aluno e, principalmente, exercendo o papel de orientadora diante de possíveis situações que possam vir a necessitar de ajuda, de forma a oferecer uma educação de qualidade para seus alunos; entre outras.

O fato é que o acompanhamento familiar sobressai como fortalecedor da vida escolar do aluno no seu cotidiano. Assim, a escola tem um papel decisivo no cumprimento das ações do projeto pedagógico, pois deve promover a aproximação da comunidade por meio de encontros, reuniões coletivas e individuais, sendo capaz de orientar as famílias na otimização da rotina escolar, bem como da relação familiar, tornando-a mais social e afetiva.

Se família e escola objetivam uma educação de qualidade, o ideal é que trabalhem juntas, planejem a educação escolar de forma simultânea, propiciando às crianças segurança na aprendizagem, favorecendo a formação de cidadãos críticos e com competências para enfrentar a complexidade de situações que surgem na escola e no cotidiano.

[...]

MELO, Raimunda Alves. Família e escola... *In*: CENPEC. *Plataforma do letramento*. [S. l.: s. n.], 9 fev. 2017. Disponível em: www.plataformadoletramento.org.br/em-revista-coluna-detalhe/1163/familia-e-escola-responsabilidades-compartilhadas-na-garantia-de-uma-educacao-de-qualidade.html. Acesso em: jul. 2019.

3 Criando o hábito da leitura

Você sabia que no próprio ambiente familiar é possível desenvolver um espaço de aprendizagem e apreciação pela leitura? Vamos começar?

Disponibilize para seu filho material escrito. O mundo da leitura pode ser acessado por meio de revistas e livros. Deixe alguns exemplares à disposição da criança; o importante não é a quantidade, mas a qualidade e a diversidade deles.

Estimule o contato com os livros: pegar, cheirar, olhar... Assim, o livro chega à vida da criança como mais um objeto a ser descoberto.

Permita e incentive essa exploração sensorial. Aos poucos, o livro deixará de ser um brinquedo e seu filho começará a brincar de ler. Por fim, ler deixará de ser uma brincadeira e se tornará um hábito prazeroso.

Deixe uma cesta, uma caixa ou algumas prateleiras ao alcance da criança. Entretanto, o acesso fácil aos livros não é tão eficiente quanto seu exemplo: leia para ele e leia com ele, participe de momentos de leitura com seu filho e seja um modelo de leitor.

Compartilhe a alegria da leitura com ele valorizando os livros e os momentos em casa e na família. Faça comentários como estes: "Como é bom ganhar um livro novo!"; "Como é gostoso ler antes de dormir!"; "Como é bom conhecer histórias!".

Você é um modelo para seu filho em vários aspectos. Imitando o adulto, a criança aprende. Propicie diferentes vivências literárias: passeie com ele por livrarias, bibliotecas públicas, feiras de livros; experimente ler livros diferentes lado a lado com ele, ler com outros membros da família ou participar de um clube de leitura. O contato com leitores e diversas literaturas será enriquecedor!

DICAS DE • • •

• • • Livros para uma cuca bacana – página de busca de livros de literatura infantil da revista *Crescer*.
▶ Disponível em: http://editora.globo.com/especiais/crescer_cuca_bacana/resultadoBusca.asp. Acesso em: maio 2019.

• • • *A Taba* - Livros para ler em rede.
▶ Disponível em: https://loja.ataba.com.br. Acesso em: maio 2019.

• • • *Sistema Nacional de Bibliotecas Públicas*.
▶ Disponível em: http://snbp.cultura.gov.br/sebps. Acesso em: maio 2019.

OUTRAS PALAVRAS

▶ **10 motivos para ler histórias aos filhos**

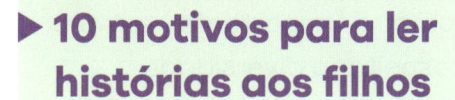

Ler para as crianças antes de dormir fortalece o vínculo familiar e ajuda no desenvolvimento da aprendizagem

Depois de um dia cheio, é difícil arrumar tempo para se dedicar às crianças. Mas o contato entre pais e filhos, sem televisão ligada ou telefone tocando, é fundamental para fortalecer vínculos. Quando chega a hora de dormir, que tal sentar à beira da cama e contar uma história para os pequenos? Para a psicóloga Daniela Chagas, contar histórias não é só um gesto de amor: trata-se de algo fundamental para a aprendizagem. Veja os benefícios dessa prática.

1. Cria o hábito da leitura

Quando o adulto mostra que gosta de ler, incentiva a criança a se interessar também. Pequenos que leem bastante escrevem melhor e têm bom desempenho na escola.

Na hora de contar: demonstre prazer com a leitura e pergunte ao seu filho se ele gostaria de ler ou contar para você um trecho da história.

2. Gera autoconfiança

Os conflitos narrados ajudam a enfrentar angústias que farão parte da vida, como o medo da morte.

Na hora de contar: ressalte como foi importante para o personagem enfrentar desafios com coragem e como isso pode ser feito no dia a dia.

3. Desenvolve a linguagem

Algumas histórias trazem termos pouco usados e enriquecem o vocabulário.

Na hora de contar: fique de frente para seu filho para que ele possa ver como você pronuncia as palavras.

4. Transmite crenças e valores positivos

Muitos enredos ajudam a entender a diferença entre o bem e o mal e anunciam como alguns problemas podem ser solucionados.

Na hora de contar: enfatize os valores positivos transmitidos, como o respeito ao próximo, e depois faça uma breve reflexão com a criança.

5. Melhora a compreensão e ensina a ouvir

O interesse pela narrativa faz com que o pequeno aprenda a manter o foco.

Na hora de contar: desligue a TV e todas as fontes de ruído da casa. Deixe o ambiente calmo. O momento da história deve ser uma hora sagrada. Fale de maneira clara, mas não levante muito o tom de voz.

OUTRAS PALAVRAS

6. Aproxima seu filho de você

Durante a história, cria-se um clima de cumplicidade gostoso. Esse contato faz a criança se sentir amada.

Na hora de contar: deixe claro para seu filho que naquele momento você é 100% dele.

7. Estimula a criatividade

Conforme ouve a narração, a criança imagina as cenas e o desfecho da história.

Na hora de contar: de vez em quando, escolha livros com poucas ilustrações. Isso faz o pequeno mentalizar tudo do jeito que desejar.

8. Mostra culturas diferentes

Graças aos livros, é possível aprender sobre outros povos e costumes.

Na hora de contar: ressalte as diferenças entre a realidade dos personagens e o cotidiano da sua família. Mostre como é importante sempre aceitar e respeitar a diversidade.

9. Ensina como agir diante de situações difíceis

Muitas histórias narram que todos enfrentam dificuldades.

Na hora de contar: dê exemplos de como as saídas encontradas pelos personagens podem ser aplicadas em nossa vida.

10. Ajuda a lidar com emoções

Explicar o que a princesa sente e por que age de determinada forma faz a criança compreender melhor as reações humanas.

Na hora de contar: pergunte o que seu filho faria no lugar do personagem. Isso estimula o autoconhecimento.

10 MOTIVOS para ler... *Cláudia*, 26 out. 2016. Disponível em: https://claudia.abril.com.br/sua-vida/10-motivos-para-ler-historias-aos-filhos/. Acesso em: 25 jul. 2019.

4 Tecnologias e infância

Se as tecnologias digitais fazem parte de nosso dia a dia, é natural que as crianças também se engajem nelas. Por que não as incorporar às práticas educacionais na escola e na família?

É importante instruir nossos filhos a usufruir ao máximo dessas tecnologias dentro de limites seguros e saudáveis.

Em um mundo tão tecnológico nos perguntamos: Há um tempo ideal para o uso de dispositivos eletrônicos? O bom senso é a resposta mais adequada. Quanto menor a criança, menos tempo deve ser dedicado às telas, pois elas aprendem por meio dos sentidos, dos movimentos e das ações.

Para crianças de 2 a 6 anos, as tecnologias digitais devem ser apenas mais uma entre as atividades do dia a dia. Elas não devem substituir a interação nem ser usadas no momento de tarefas cotidianas como a hora de se preparar para dormir, quando podemos ler para elas, ou nos momentos de higiene e alimentação, nos quais os cinco sentidos podem e devem ser explorados.

As atividades de lazer também merecem atenção especial. Às vezes é tentador deixar as crianças inseridas no universo virtual quando estamos muito ocupados ou elas parecem muito entretidas. É necessário estar sempre atento aos excessos. ✖

DICAS DE • • •

- ... Abra as orelhas: 20 bandas para ampliar o repertório das crianças. *Lunetas*, 12 dez. 2016.
  ▶ Disponível em: https://lunetas.com.br/abra-as-orelhas-20-bandas-para-ampliar-o-repertorio-das-criancas. Acesso em: jul. 2019.
- ... Dá o *play!* 14 canais infantis no YouTube livres de publicidade. *Lunetas*, 4 jan. 2019.
  ▶ Disponível em: https://lunetas.com.br/canais-infantis-no-youtube. Acesso em: jul. 2019.
- ... Curtas que arrebatam. *Laboratório de Educação*. Seleção de curtas para crianças.
  ▶ Disponível em: https://labedu.org.br/serie/curtas-que-arrebatam. Acesso em: jul. 2019.
- ... Turma da Mônica: página com quadrinhos, vídeos, passatempos etc.
  ▶ Disponível em: http://turmadamonica.uol.com.br. Acesso em: jul. 2019.
- ... Poemas musicados de Manoel de Barros viram app, de Bia Reis. *Estante de letrinhas*, 11 jun. 2019. Aplicativo para IOS e Android com poemas musicados do poeta.
  ▶ Disponível em: https://cultura.estadao.com.br/blogs/estante-de-letrinhas/poemas-de-manoel-de-barros-musicados-viram-app. Acesso em: jul. 2019.
- ... Kidsbook: site com 11 livros infantis para ler no celular.
  ▶ Disponível em: www.euleioparaumacrianca.com.br. Acesso em: jul. 2019.

OUTRAS PALAVRAS

▶ **Crianças e a internet: até que ponto esta relação pode ser positiva?**

[...] Por mais que os pais queiram limitar o acesso e controlar o que os filhos fazem nas telinhas, é difícil se sentir seguro quando a criança está em contato com um mundo tão cheio de possibilidades. Felizmente, há uma série de atitudes que podem ajudar a manter as crianças longe dos perigos virtuais e garantir um acesso saudável à internet. Confira as nossas dicas:

DIÁLOGO

A criança estará ainda mais segura se estiver ciente dos riscos que corre, é claro. Isto só é possível através do diálogo constante e da construção de uma relação de confiança entre pais e filhos. Pedófilos costumam utilizar salas de bate-papo e fóruns para procurar suas vítimas e se aproveitam do anonimato da rede para tentar se aproximar de crianças e adolescentes, às vezes fingindo afeto, amizade e interesse.

Se não for possível controlar o acesso a esse tipo de *site*, é importante que as crianças se sintam à vontade para relatar aos pais caso conversem com estranhos na rede. É necessário fortalecer a consciência dos pequenos quanto ao perigo de dar atenção aos estranhos do mundo virtual e de acreditar em tudo o que dizem.

ACESSO RESTRITO

Utilize todas as ferramentas possíveis para limitar o acesso dos filhos a *sites* perigosos, de conteúdo pornográfico ou ofensivo. Essas páginas podem abrir até mesmo em forma de vírus, mesmo que o usuário não esteja procurando por esse tipo de conteúdo.

A pornografia é só um item pequeno em uma lista gigantesca de possibilidades negativas. As crianças que utilizam a internet também estão sujeitas ao acesso de *blogs* e páginas que fazem apologia à violência, divulgam racismo, intolerância e tantos outros conteúdos duvidosos, que podem causar prejuízos educativos.

No caso de *smartphones* e *tablets*, há aplicativos que ajudam a restringir o acesso das crianças, proporcionando mais segurança de uso. Nos computadores, é possível bloquear páginas indesejadas e fiscalizar os históricos de visualização para ter um controle maior do conteúdo acessado. Os pais também devem deixar o computador em um local em que a tela fique visível e limitar o tempo de acesso diário à rede.

COMPORTAMENTO

A atenção dos pais não deve se restringir à tela do computador. Uma criança que esteja envolvida em algo perigoso pode dar sinais de que há alguma coisa errada, e reparar em possíveis mudanças de comportamento é importante para proteger a criança.

OUTRAS PALAVRAS

Se o seu filho se mostra nervoso ou ansioso, tenta esconder o que está vendo na tela ou parece preocupado quando alguém usa o computador, é um sinal de que há alguma coisa errada. Se a atitude parecer suspeita, é fundamental investigar o que está acontecendo e, mais uma vez, fortalecer a confiança entre pais e filhos através do diálogo e atenção.

EXPOSIÇÃO

Se o conteúdo que as crianças acessam é um risco, o que elas produzem na rede, sem dúvida, é outro. Além de controlar o que pode ser acessado, os pais também devem ficar atentos com o que as crianças fazem nas redes sociais ou em conversas privadas.

Envio de fotos e vídeos pode expor o seu filho, atrair a atenção de criminosos e até mesmo colocar a criança no alvo de práticas desagradáveis como o *cyberbullying*. A rede também pode se tornar uma poderosa ferramenta para que grupos de crianças e adolescentes humilhem e façam chacota com algum colega ou vizinho.

EDUCAÇÃO VIRTUAL

A internet provavelmente irá acompanhar o seu filho por toda a vida, da mesma forma que acompanha a maioria dos adultos de hoje. Se as crianças irão conviver desde cedo com essa ferramenta, elas precisam estar cientes não apenas dos riscos mas também sobre como manter um comportamento adequado quando se está atrás de uma tela.

Ensine aos seus filhos a importância do respeito, que tem o mesmo valor do mundo real no mundo virtual. Mostre-lhes que o discernimento sobre o que é certo e errado existe também quando estamos protegidos atrás de uma tela e instrua seus filhos para que relatem se virem algo que pareça errado ou impróprio.

A abertura de um canal eficiente de diálogo não é apenas a chave para uma relação segura das crianças com a internet mas também um segredo para que os pequenos saibam aproveitar o melhor da rede sem sofrer com a contaminação de discussões virtuais, trocas de ofensas e conteúdos desrespeitosos. Uma ação conjunta de pais e filhos pode transformar a rede em uma ferramenta educativa e isso é exatamente o que qualquer criança precisa.

BRETSCHNEIDER, Ana Paula. Crianças e a internet: até que ponto esta relação pode ser positiva? *In*: BRANDÃO, Gabriella. *Blog Dicas Pais e Filhos*. [S. l.], 30 jul. 2018. Disponível em: http://dicaspaisefilhos.com.br/bebes-e-criancas/criancas-e-a-internet-ate-que-ponto-esta-relacao-pode-ser-positiva/. Acesso em: jul. 2019.

5 Discutindo o *bullying*

Quando falamos sobre *bullying*, em geral, temos em mente as palavras "vítima" e "agressão". No entanto, para que essa prática seja caracterizada, é preciso que outras sejam consideradas, como: "entre pares", "repetição", "agressor" e "plateia".

Podemos dizer que o *bullying* acontece entre pares e repetidamente. É uma forma de violência manifestada com agressões reiteradas, intencionais e intencionadas, morais ou físicas, em que é possível identificar uma plateia, além da vítima e do agressor.

Forma bastante comum de violência, o *bullying* pode ocorrer tanto em escolas públicas quanto em escolas particulares e, de modo geral, afeta crianças que se destacam por causa de uma característica particular que as diferencia de algum modo das demais. Muitas vezes, a vítima acaba sendo excluída, sofre em silêncio e se sente indefesa e intimidada.

Entre crianças menores, desavenças ao longo do processo de identificação do eu e do outro, do meu e do seu, do aqui e agora são mais comuns que *bullying*.

Ainda assim, é preciso atentar às dinâmicas de repetição: se uma criança manifestar qualquer tipo de agressão a outra criança específica com determinada frequência, pode ser *bullying*, sim.

Como pais e educadores, é nossa missão promover atitudes de respeito e solidariedade desde a mais tenra infância. Uma ótima opção é promover esses valores por meio da literatura infantil. ✕

DICAS DE ●●●

... De que jeito sou eu?, de Bia Villela (Editora do Brasil).

Cada um tem um jeito próprio de ser, e as crianças percebem isso logo cedo. Esse livro aborda as descobertas de um simpático coelho sobre o formato de seu corpo, seu pelo e várias de suas características físicas e emocionais. No fim, semelhanças e diferenças são só uma questão de ponto de vista.

OUTRAS PALAVRAS

▶ **Bullying: 10 dicas para impedir que seu filho se torne o agressor**

O *bullying* é uma questão de saúde emocional com consequências seríssimas. Qual o papel dos pais na missão de evitar formar os futuros agressores?

[...]

Militante da questão, a jornalista e ativista Vanessa Bencz – autora do livro "A Menina Distraída", que conta a história de uma menina vítima de abuso psicológico que é salva por uma super-heroína – alerta para a importância de considerar também o lado do jovem que praticou o crime, que passou de vítima a agressor por uma série de fatores que denunciam uma sociedade despreparada para lidar com a questão.

[...]

Vanessa preparou uma pequena lista com sugestões de abordagem do assunto em casa, para colocar o *bullying* em pauta em um momento anterior à prática, com o intuito de evitar que as crianças naturalizem a agressão – verbal, física ou emocional – e priorizem o respeito ao outro em todas as suas ações, palavras e comportamentos.

OUTRAS PALAVRAS

1. Ser forte não significa ofender nem bater nas pessoas

"Forte é aquele que protege quem está ao redor. Sabe como se protege alguém? Sendo amigo dessa pessoa e aceitando as diferenças."

2. Só chame seu colega por um apelido se ele lhe permitir chamá-lo assim

"Afinal, cada um de nós tem um nome e a gente quer ser chamado por esse nome, e não por um apelido chato."

3. Ainda bem que todo mundo é diferente um do outro

"Diferente não quer dizer que seja ruim. Imagina que chato se todo mundo fosse igual?"

4. Fazer um elogio ao seu colega pode mudar o dia dele, sabia?

"Elogie naturalmente, você vai ver como isso melhora o dia dos outros."

5. Pense antes de rir do apelido que deram ao seu colega.

"Ele pode se sentir ainda mais constrangido! Quem ri de piadas ofensivas está do lado do agressor."

6. Seja amigo daquele colega que está excluído na turma.

"Coloque-se no lugar dele. É muito chato ficar sem amigos! Que tal puxar um assunto e fazer companhia?"

7. Se você for xingado ou receber um apelido ofensivo, não xingue de volta nem coloque outro apelido ruim nessa pessoa.

"O ideal é contar a seu professor ou professora. Eles é que saberão agir nessa situação."

8. Sabia que os professores podem ser nossos amigos também?

"Você levará algumas dessas amizades para o resto da sua vida."

9. Você é muito amado e não precisa fazer de conta que é outra pessoa só para ser aceito.

"As pessoas que realmente amam você são aquelas que o enxergam como você é."

10. Você tem um futuro inteiro pela frente e vai gostar de lembrar que, na escola, era admirado por ser gentil, educado e carinhoso com todos

"Há qualidades que demandam sensibilidade e maturidade para serem valorizadas."

PENZANI, Renata. *Bullying*: 10 dicas para impedir que seu filho se torne o agressor. *In*: LUNETAS. [*S. l.: s. n.*], 24 maio 2018. Disponível em: https://lunetas.com.br/bullying-como-evitar-familia/. Acesso em: 25 jul. 2019.

6 Brincando e aprendendo

Você sabia que brincar é uma das melhores formas de aprender na infância? Sim, você pode estimular o desenvolvimento de seu filho brincando com ele!

Afinal, é dever da família, lado a lado com a escola, desenvolver oportunidades de aprendizagem para a criança considerando suas necessidades e interesses.

Há diversas brincadeiras e muitas contemplam os aspectos motor, cognitivo, afetivo e social: da capacidade de expressar sentimentos até o respeito pelo outro; da coordenação dos movimentos até a aquisição da fala.

Saiba que brincadeiras devem fazer parte da rotina de seu filho. Brincar é a maneira que a criança tem de descobrir o mundo e a si mesma. Lembra quando ele era bebê e brincava colocando o pezinho na boca? Naquele momento, ele estava conhecendo o próprio corpo. E quando ele jogava várias vezes um objeto no chão? Estava reconhecendo as propriedades dos objetos, como cair e fazer barulho.

Há muitos modos de brincar e a criança deve experimentar o máximo deles: ela precisa brincar sozinha, com outras crianças e com a família. Nessas brincadeiras, habilidades distintas serão exercitadas e conquistadas. Brinque com seu filho! Esse é um presente que você pode dar a ele todos os dias. A qualidade da interação entre adultos, crianças e brinquedos é o mais importante, não sendo muito relevante o tempo destinado à brincadeira.

Tudo pode se tornar brincadeira, por exemplo: usar as mãos para criar sombras de animais na parede, preparar uma receita simples para a sobremesa com seu filho ou, ainda, transformar tarefas diárias em divertidas competições.

Assim como é gostoso correr ao ar livre em um dia de sol, também o é fazer dobraduras em papel deitado no chão da sala de casa em dias chuvosos. E lembre-se: pode ser tão divertido ganhar um brinquedo novo quanto fazer os próprios brinquedos com material reciclado!

OUTRAS PALAVRAS

O brincar como ferramenta para o desenvolvimento integral das crianças

A primeira infância é reconhecida como uma etapa crítica para o desenvolvimento humano, segundo as evidências e as contribuições da neurociência e de acordo com o Núcleo de Ciência pela Infância. Essa fase, que se refere aos seis primeiros anos de vida, é responsável pela formação de 700 conexões neurais por segundo. Nos primeiros anos de vida, a arquitetura básica do cérebro é construída através de um processo contínuo, que se inicia antes do nascimento e continua até a maturidade.

As primeiras experiências afetam a qualidade dessa arquitetura, estabelecendo o alicerce, robusto ou frágil, para a aprendizagem, a saúde e comportamentos subsequentes. Nessa fase, as novas conexões neurais (chamadas sinapses) são formadas a cada segundo. Após esse período de rápida proliferação, essas conexões são reduzidas através de um processo de seleção, de forma que os circuitos cerebrais se tornam mais eficientes.

Os circuitos sensoriais, como os da visão e da audição básicas, são os primeiros a se desenvolver, seguidos pelas habilidades iniciais de linguagem e, posteriormente, pelas funções cognitivas superiores. As conexões proliferam e são selecionadas de forma predeterminada, e os circuitos cerebrais mais tardios e mais complexos são construídos sobre os circuitos anteriores, mais simples.

OUTRAS PALAVRAS

E todo adulto que pretende contribuir para o desenvolvimento integral das crianças deve saber que o brincar é uma ferramenta imprescindível para o alcance de melhores resultados.

Brincar é a melhor maneira de a criança aprender sobre si mesma, sobre o mundo e sobre o outro. Por meio do brincar, a criança pode também expressar seus sentimentos, medos, inseguranças e os seus pensamentos.

O brincar também ajuda a criança a desenvolver habilidades que são as bases de todo o aprendizado. É brincando que a criança estimula a fala, a leitura, a escrita entre outros. Leia livros infantis com e para as crianças com as quais tem contato.

Desde os primeiros meses de vida o brincar é importante para que a criança exercite o corpo e desenvolva a motricidade para engatinhar, andar e correr, além de estimular os seus cinco sentidos. A obesidade e o sedentarismo infantil têm crescido cada vez mais no Brasil e podemos dizer que isso se dá, principalmente, pela falta de brincadeiras ao ar livre e à realização de atividades físicas nessa fase do desenvolvimento.

Ao brincar com o adulto, a criança gosta de imitá-lo, dessa forma amplia o seu repertório de experiências e aprendizados. É essencial também que ela possa vivenciar momentos de um brincar livre, para que faça as próprias escolhas e descobertas. Brinque com seu filho, sobrinho, neto e outras crianças em parques. Vivências na natureza são ótimas para estimular os sentidos delas.

As crianças de até três anos gostam de brincar de esconde-esconde, de explorar os objetos, de empilhar coisas e desmontar. Entre 4 a 6 anos, é a fase do faz de conta e as relações com seus pares são potencializadas através das brincadeiras. [...]

Nos espaços lúdicos devemos contemplar uma diversidade de materiais como alumínio, tecidos variados, madeira, plásticos e elementos da natureza de forma a potencializar o desenvolvimento sensorial das crianças. Caixotes de madeira coloridos dão noção de estética à criança e despertam para a organização do espaço, apenas citando algumas opções de brinquedos e brincadeiras.

O brincar antes de tudo é um direito de todas as crianças que está definido no artigo 31 da Convenção dos Direitos da Criança, no Estatuto da Criança e do Adolescente e no Marco Legal da Primeira Infância. Portanto, estamos falando de direitos humanos e o brincar é, antes de tudo, um direito da criança! Portanto, brinque com as crianças todos os dias, durante todo o ano e por quantos anos for possível.

Mariângela Carocci, especialista em Primeira Infância da Plan International Brasil e gerente do projeto Famílias que Cuidam.

CAROCCI, Mariângela. O brincar como ferramenta para o desenvolvimento integral das crianças. *Setor 3*, 12 jan. 2017. Disponível em: http://setor3.com.br/o-brincar-como-ferramenta-para-o-desenvolvimento-integral-das-criancas/. Acesso em: jul. 2019.

Brincando com seu filho

Atividades manuais para fazer com a criança

Dragão de rolo de papel

Construir o próprio brinquedo é diversão garantida! E se for um dragão que solta fogo pela boca, melhor ainda, não é mesmo? Sigam o passo a passo.

Material:

- um rolo de papel higiênico;
- uma folha de papel-toalha;
- recipiente com água;
- cola;
- tinta guache na cor que preferir para o dragão;
- pincel;
- tesoura sem ponta;
- tiras de papel crepom amarelas e vermelhas.

Como fazer

Façam bolinhas enrolando papel-toalha umedecido e colem-nas no rolo de papel higiênico para fazer os olhos e o nariz do dragão. Pintem o dragão e esperem secar. Em seguida, colem as tiras de papel crepom para representar o fogo que sai da boca do dragão. Soprem por dentro do rolo de papel e façam a criatura assustar a todos!

Pé de lata

Este brinquedo deve ser feito por você. Peça auxílio a seu filho para a coleta e seleção dos materiais necessários e para enfeitar as latas. Para brincar, seu filho tem de subir nas latas e conduzi-las com o barbante, de modo que consiga dar passos e andar.

Cidade em miniatura

A brincadeira começa na coleta e seleção dos materiais reciclados que serão utilizados: caixas de fósforos, de remédios, de creme dental, de produtos de higiene e cosméticos em geral. Além desses, uma base de isopor ou tampa de caixa de papelão, pedaços de cartolina e papéis, tinta colorida e pincéis, canetinhas hidrocor variadas, cola e muita imaginação! Vejam um exemplo na imagem ao lado e... mãos à obra!

Peteca

Material:
- 1 saquinho plástico com areia do tamanho da palma da mão bem fechado;
- 1 elástico;
- 1 quadrado colorido de EVA com medida aproximada de 20 cm × 20 cm;
- penas artificiais coloridas.

Como fazer

Faça uma trouxinha colocando o saquinho de areia no centro do quadrado de EVA. Em seguida, encaixe as penas e amarre com o elástico, dando várias voltas, até ficar bem preso.

29

Flor de dobradura

Bastam papel vermelho para dobradura (ou pedaços coloridos de papel), papel verde para recortar as folhas da flor, palito de churrasco sem as pontas e cola. Sigam o passo a passo e vocês farão um jardim de flores!

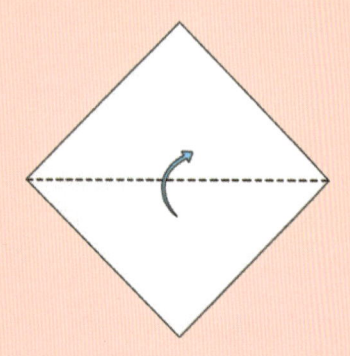

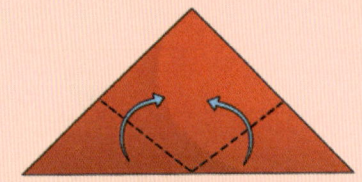

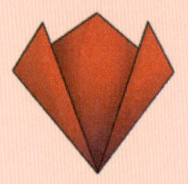

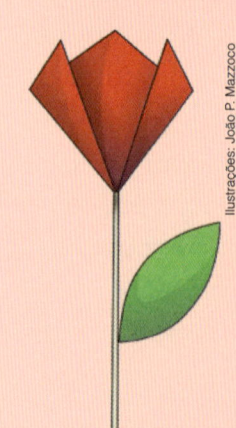

Ilustrações: João P. Mazzoco

Pipa

Material:
- varetas de 50 cm e 80 cm;
- papel de seda colorido;
- cola;
- tesoura sem ponta;
- linha.

Como fazer

1 Cole uma vareta sobre a outra em formato de cruz e passe a linha em suas extremidades, formando um paralelogramo.

2 Coloque a armação sobre uma folha de papel e recorte no formato dela, deixando um pouco a mais de papel nas bordas da pipa.

3 Dobre e cole as bordas da pipa por cima da linha.

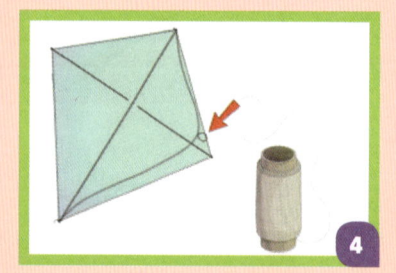

4 Amarre a linha para empinar no centro da pipa.

5 Para fazer a rabiola, recorte tiras de papel colorido e amarre-as em uma linha comprida, presa no final da pipa.

Atenção: só podemos brincar com pipas em lugares abertos e longe de fios elétricos!

Receitas culinárias

Minibolo de cenoura com calda de chocolate

Seu filho pode preparar esse bolo com você participando da leitura da receita e de todos os passos do preparo, exceto dos momentos em que é preciso utilizar o fogo ou o forno. Será um verdadeiro *chef* de cozinha!

Ingredientes:

- 3 cenouras picadas;
- 3 ovos;
- 1 xícara (chá) de óleo;
- 1/3 de xícara (chá) de leite;
- 2 xícaras (chá) de açúcar;
- 3 xícaras (chá) de farinha de trigo;
- 1 colher (sopa) de fermento em pó;
- óleo e farinha para untar;
- 250 g de chocolate meio amargo picado;
- 1 caixa de creme de leite;
- chocolate granulado a gosto.

Modo de preparo

Juntos, batam a cenoura, os ovos, o óleo, o leite e o açúcar no liquidificador até ficar homogêneo. Despejem em uma tigela, adicionem a farinha e o fermento e misturem com uma colher. Despejem a massa em forminhas de buraco no meio individuais untadas e enfarinhadas e coloquem em uma fôrma grande uma ao lado da outra. Leve ao forno preaquecido por 20 minutos ou até dourar levemente. Derreta o chocolate meio amargo em banho-maria e misture com o creme de leite. Juntos, novamente, espalhem-no sobre os bolinhos e decorem com chocolate granulado.

Pão de queijo

Preparar a massa e modelar as bolinhas serão tarefas de seu filho nesta receita simples de pão de queijo!

Ingredientes:

- 400 g de polvilho doce;
- 400g de queijo parmesão ralado;
- 2 caixas de creme de leite (400 g aprox.);
- óleo para untar.

Modo de preparo

Peça a seu filho que, em uma vasilha, junte o polvilho doce com o parmesão e misture. Adicione o creme de leite aos poucos e instrua-o a misturar com as mãos até formar uma massa homogênea e firme. É necessário que o creme de leite seja adicionado aos poucos, para não perder o ponto da massa. Ensine-o a retirar porções pequenas da massa, modelar bolinhas e colocar, uma ao lado da outra, em uma fôrma grande untada. Leve ao forno alto, preaquecido, por 15 minutos ou até dourar.

Sugestões de leitura

CHALUH, Laura Noemi. *Educação e diversidade*: um projeto pedagógico na escola. 2. ed. Campinas: Alínea, 2013.

COPETTI, Jordano. *Dificuldades de aprendizado* – Manual para pais e professores. 2. ed. Curitiba: Juruá, 2008.

COSTA, Livia Fialho; MESSEDER, Marcos Luciano L. *Educação, multiculturalismo e diversidade.* Salvador: Edufba, 2010.

CRAMER, Eugene H., CASTLE, Marrietta. *Incentivando o amor pela leitura.* Porto Alegre: Artmed, 2001.

FANTE, Cleo. *Fenômeno bullying*: como prevenir a violência nas escolas e educar para a paz. Campinas: Verus, 2005.

KISHIMOTO, Morchila Tizuko (Org.). *Jogo, brinquedo, brincadeira e educação.* 14. ed. São Paulo: Cortez, 2011.

KRAMER, Sonia (Org.). *Infância e Educação Infantil.* Campinas: Papirus. 2007.

LOPEZ, Jaume Sarramona. *Educação na família e na escola.* São Paulo: Loyola, 2002.

MARTORELL, Gabriela. *O desenvolvimento da criança*: do nascimento à adolescência. Porto Alegre: Artmed, 2014.

MAUÉS, Danio. *Bullying*: que brincadeira é essa? São Paulo: Paulus, 2012.

MCGUINNESS, Diane. *O ensino da leitura*: o que a ciência nos diz sobre como ensinar a ler. Porto Alegre: Artmed, 2006.

OLIVEN, Ruben George. *A parte e o todo* – A diversidade cultural no Brasil-nação. 2. ed. Rio de Janeiro: Vozes, 2006.

SIEGLER, Robert. *Inteligências e desenvolvimento da criança.* São Paulo: Instituto Piaget, 2004.

TUTTLE, Cheryl Gerson. *Invente jogos para brincar com seus filhos.* São Paulo: Loyola, 1996.

VALENTE, Ana Lucia E. F. *Educação e diversidade cultural.* São Paulo: Moderna, 1999.

VASCONCELOS, Tânia (Org.). *Reflexões sobre a infância e cultura.* Niterói: EdUFF, 2008.

VEQUI, Vilmara Pereira. *Educação e família*: dimensões afetiva, cognitiva e de socialização das crianças. Itajaí: Casa Aberta, 2010.